Le Keskece

Textes et illustrations
de Françoise Boucher

?

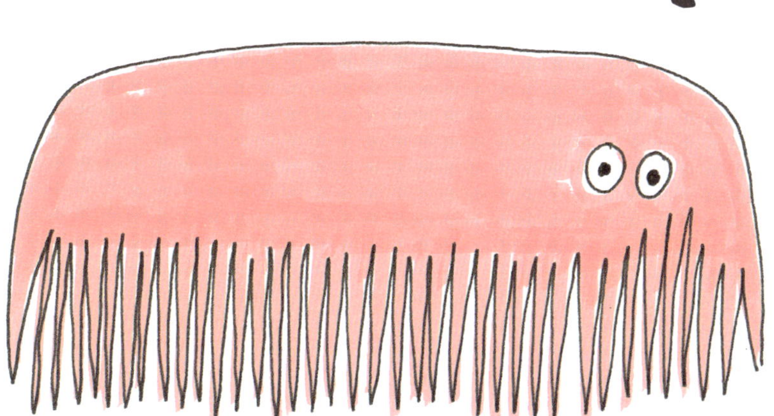

Nathan

Comment ça

① Pose le **Cachemagik** sur la page de droite pour cacher la réponse (le côté miroir contre le tescte).

② Regarde le dessin et devine ce que c'est. Raconte <u>tout</u> ce qui te passe par la tête, on est là pour rigoler !!!

un mille-pattes débile ?

une moustache avec des yeux ?

une limace qui louche ?

③ Quand tu n'as plus du tout d'idées, relève le Cachemagik et tiens-le debout pour lire la réponse dans le miroir.

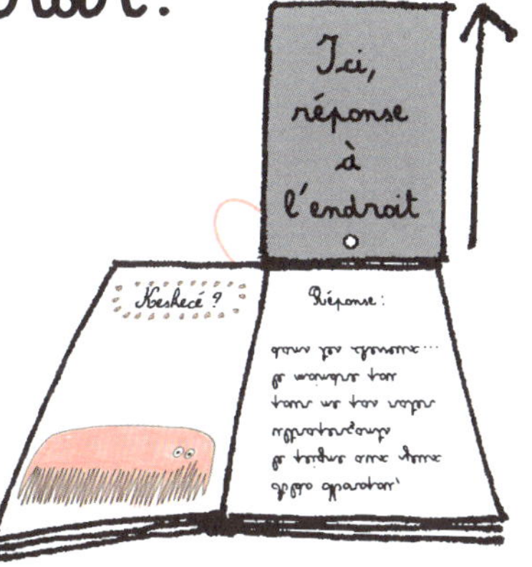

④ Tu peux jouer tout(e) seul(e), mais à plusieurs c'est encore plus rigolo...

Interdit de tricher !

Keskecé ?

Réponse

Harry Kiki,
le petit pois,
en train
de se regarder
dans une glace
déformante.

Keskecé ?

Réponse

Les photos d'identité d'Edmond Pouv, l'homme invisible, en train de faire une grimace.

Keskecé ?

Réponse

Le minuscule doigt de pied de Jack Verimoll (l'homme le plus petit de la Galaxie) agrandi 1000 fois avec un microscope très puissant.

Keskecé ?

Réponse

250 dinosaures et 1000 mammouths en train de se promener tranquillement dans le noir vers 4 heures du matin…

Keskecé ?

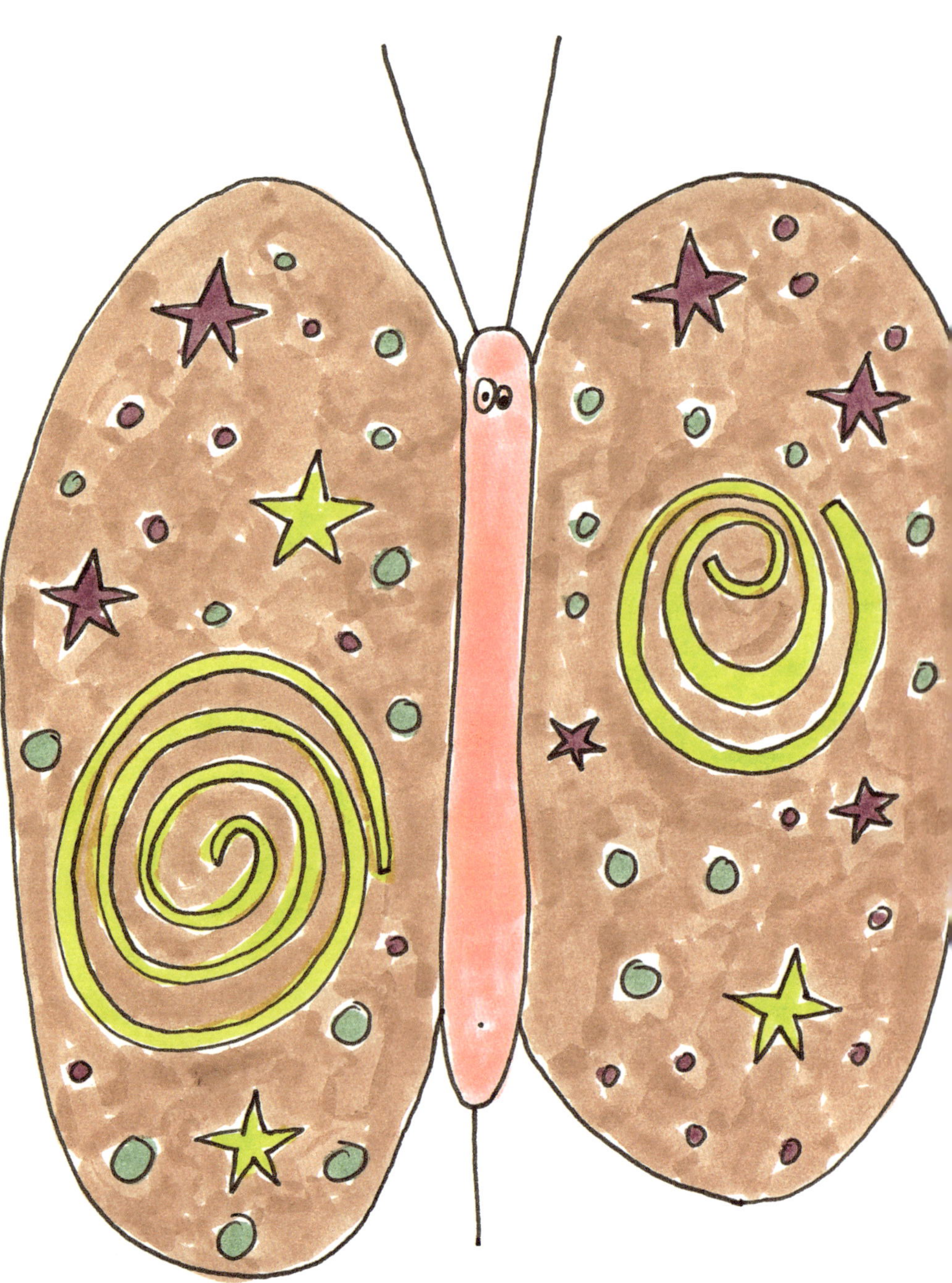

Lolo Belzoreille, l'homme qui a les plus belles oreilles tatouées du monde et seulement 2 cheveux.

(Il a 75 ans et vit à New York.)

Keskecé ?

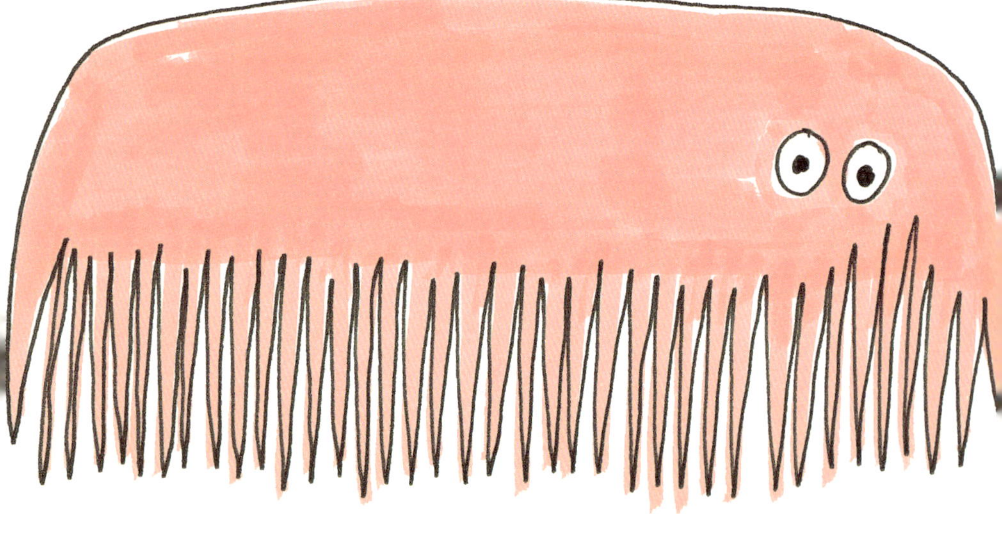

Réponse

Aldo Morapou,
le peigne aux yeux
<u>ultraperçants</u>
pour ne pas rater
le moindre pou
dans tes cheveux...

Keskecé ?

smack

smack

smack

Réponse

Keskecé ?

Réponse

Keskecé ?

Réponse

Le slip préféré du Père Noël quand il part en tournée (entièrement doublé de fourrure de renne et 100 % imperméable).

Keskecé ?

Réponse

La fabuleuse collection de râpes à fromage de Jade Orlènaville, la femme qui ne mange que des coquillettes au gruyère râpé.

Keskecé ?

Réponse

Rita Delotif-Cussoin, la femme blonde qui a les plus longs cheveux du monde.

(Elle a 43 ans, n'est jamais allée chez le coiffeur, mesure 2 mètres et vit en Suède.)

Keskecé ?

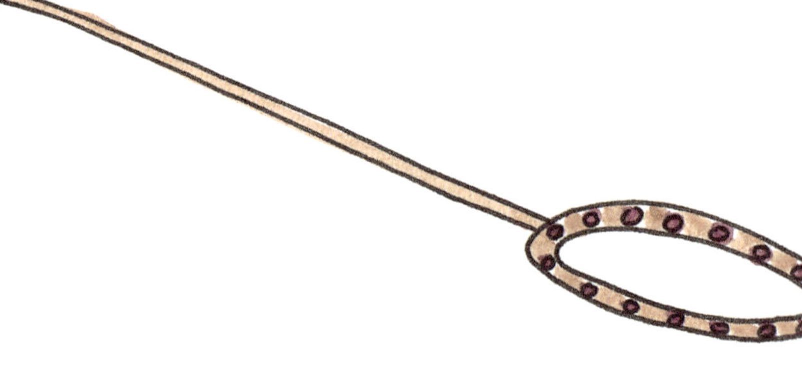

★ Réponse ★

Edmond Pons,
l'homme invisible,
en train de promener
Ponpapri,
son gros chien
transparent.

(Et toi aussi : les lettres sont visibles ou invisibles ?)

Keskecé ?

Réponse

Une jolie caisse avec des trous d'aération pour transporter un **éléphant** ou une **girafe** en avion sans te faire remarquer.

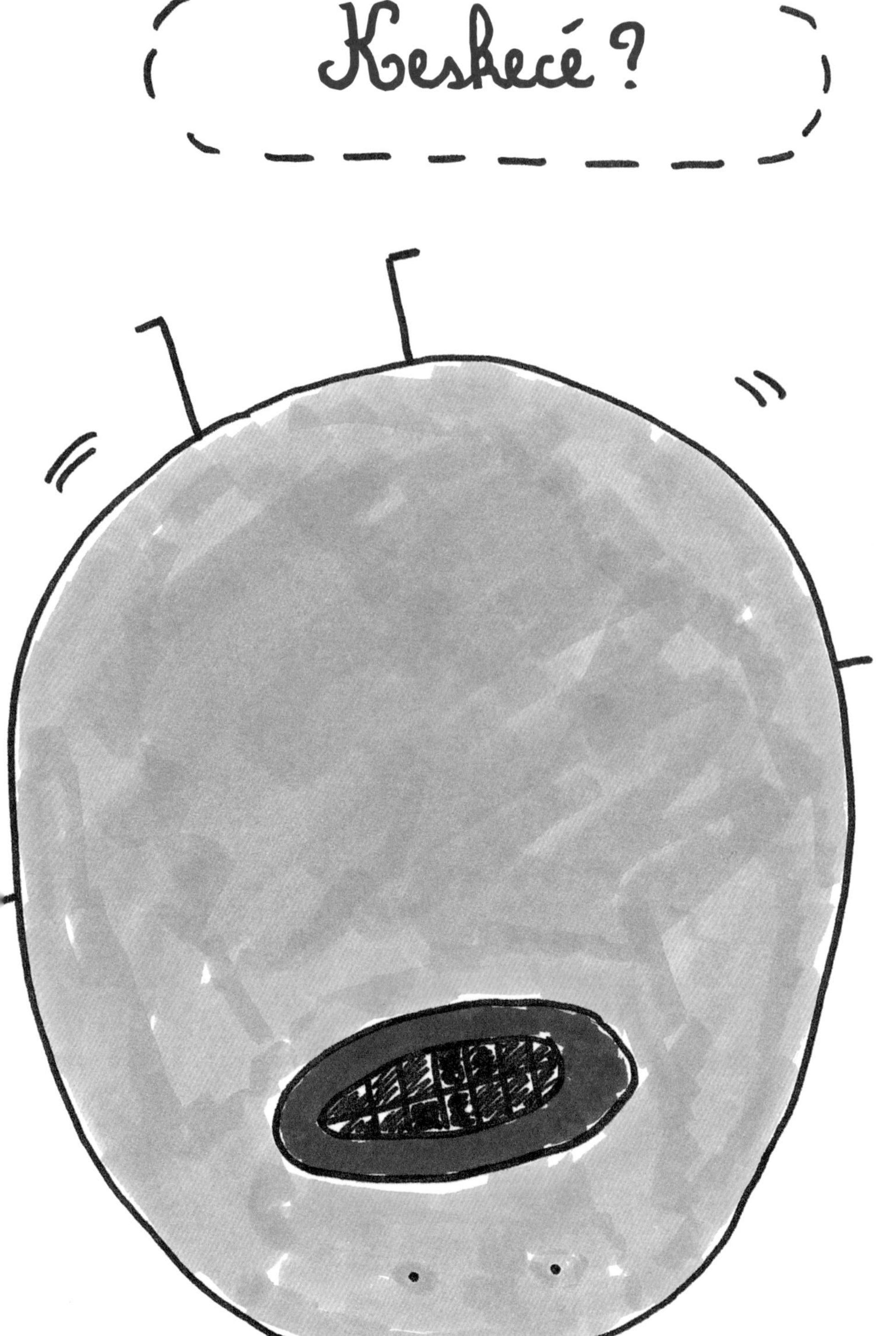
Keskecé ?

Réponse

Monsieur Crade-bonbek, l'homme qui a mangé vraiment trop de bonbons quand il était petit, alors maintenant il roule et ses dents sont pourries.

Keskecé ?

Réponse

Un gros plan sur le menton tout poilu de l'affreux Barbe-Bleue (celui qui a dévoré ses 7 femmes sans les faire cuire !).

♡ Keskecé ? ♡

Réponse

Une canette de Coca-Cola avec une fenêtre pour vérifier qu'aucune guêpe n'est en train de nager le crawl dans ton soda préféré.

(C'est dangereux !)

Keskecé ?

Réponse

L'incroyable tiroir à chaussettes de Gégé Milguibolle, le mille-pattes qui a toujours froid aux pieds.

Keskecé ?

Réponse

La finale du championnat du monde de tirage de langue qui a lieu à Chinatong (États-Unis) chaque année.

Keskecé ?

Réponse

Un joli « deux » de secours pour rajouter devant le « zéro » que tu auras peut-être un jour à l'école.

(Fais attention quand même !)

Keskecé ?

Réponse

L'incroyable **derrière** de Madame Pétaré, la femme qui peut s'asseoir dans **tous** les coins !

Keskecé ?

Réponse

(Aïe ! aïe ! aïe !)
à genou.
[illegible]
après le [illegible]
le mille-pattes
[illegible]
[illegible]

Keskecé ?

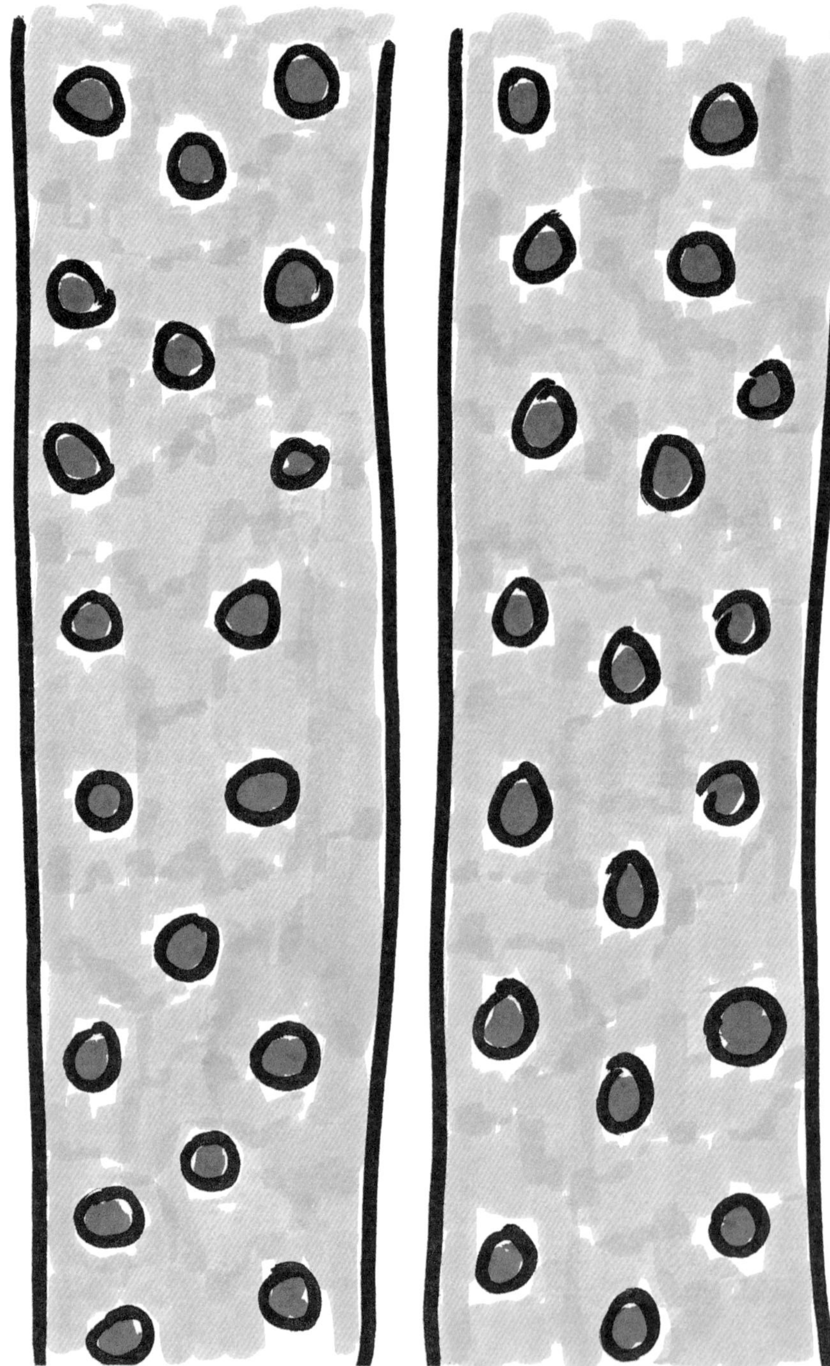

Réponse

Les deux jambes
de Marcel
Pétafreu-Peussogratt
(5 ans) qui a attrapé
la mégavaricelle
superpuissante.

Keskecé ?

Réponse

Une photo de la famille Foulèchton, les fantômes super nuls qui n'arrivent même pas à traverser les murs.

(Bouhh !!!! la honte !!!!)

Keskecé ?

Réponse

(Elle vit en Angleterre.)

de lait cacao.
lait frais et 50 %
[illegible] 50 % de
vache au [illegible] qui
donne, le [illegible]
[illegible] Pays-
Bas [illegible] de

Keskecé ?

Réponse

Le nombril de Zobrit Palaterre, le **plus** célèbre extraterrestre de l'Univers.

Keskecé ?

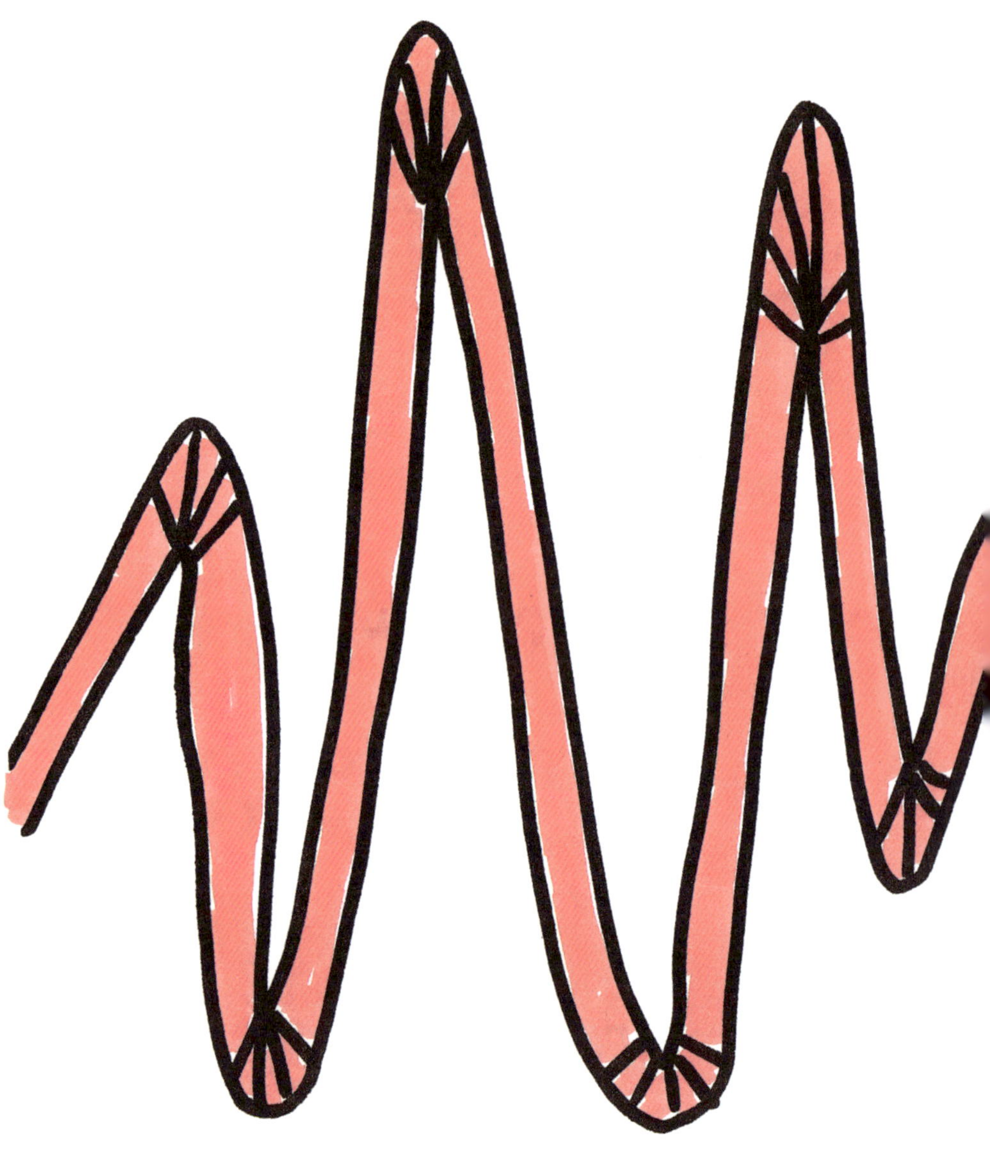

 Réponse 

Une paille articulée de 18 mètres 50 pour pouvoir siroter du Coca-Cola dans la cuisine en **restant sous la couette**.

(C'est chouette, non ?)

Keskecé ?

Réponse

Un paquet de frites belges en train de se faire bronzer sur des serviettes roses à Saintropé.

(L'une d'elles est allée se baigner.)

Keskecé ?

Réponse . . . . . .

Une sublime
crotte de zèbre.

Keskecé ?

Le célèbre extraterrestre Zalbit Palaterre et sa femme Ellèpa Ducrain en train de faire une jolie petite sieste dans l'herbe.

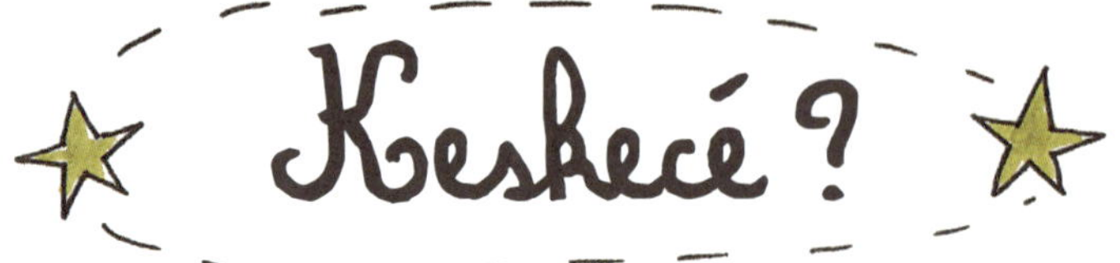
Keskecé ?

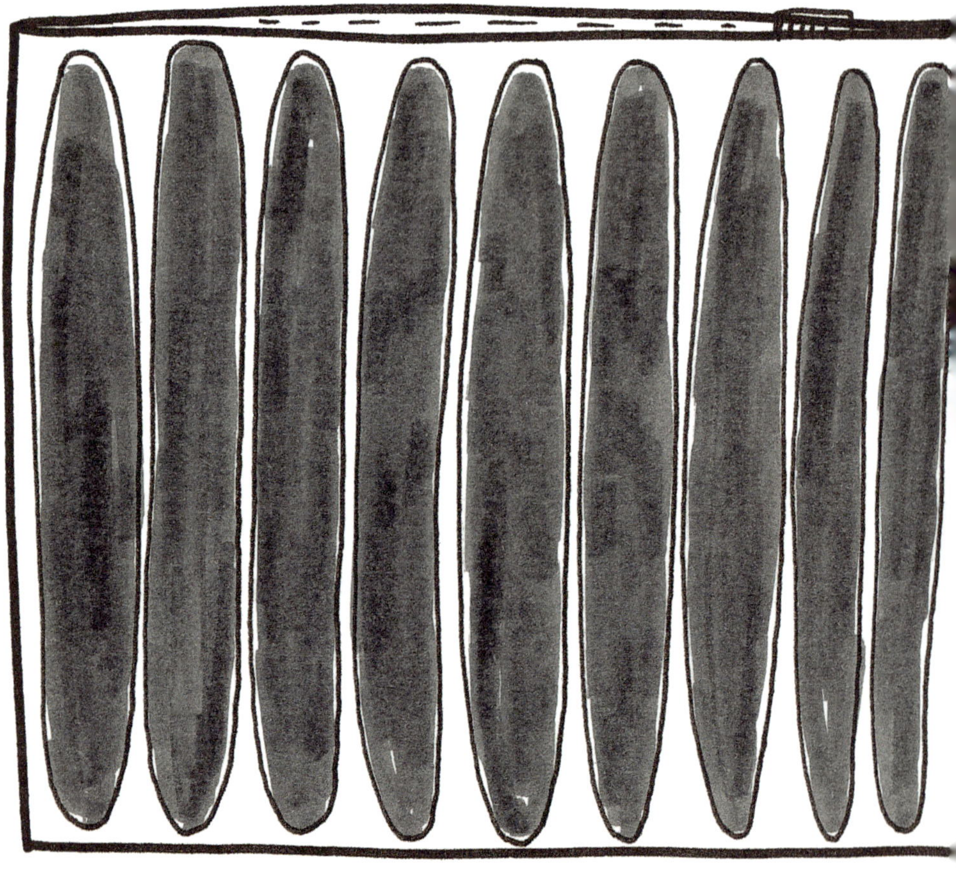

Réponse

Un paquet de saucisses d'éléphant élevé en plein air dans la jungle (100 % bio + sans colorants + goût bizarre garanti).

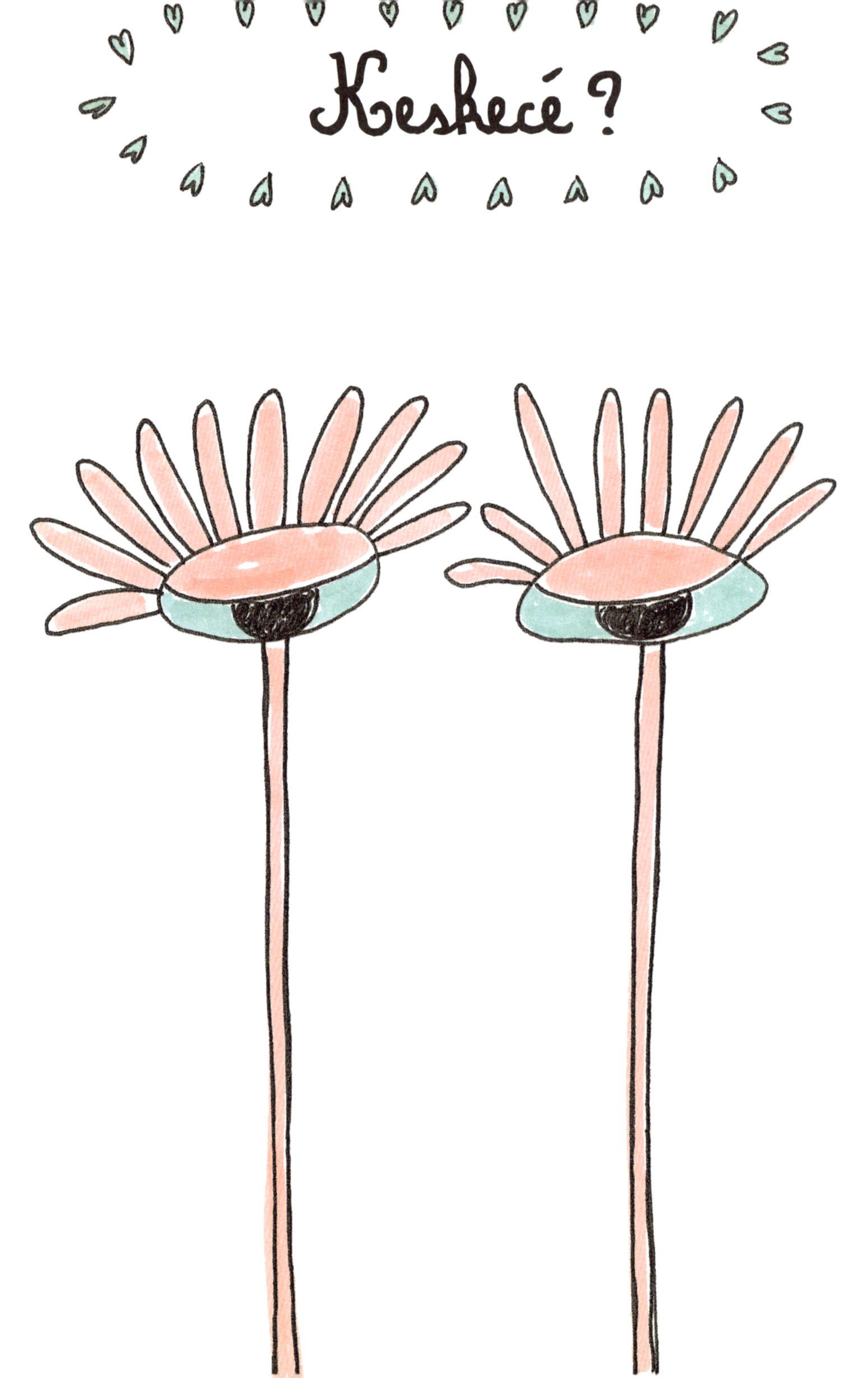
Keskecé ?

Réponse

Les yeux sublimes
de la grande
Herma Frodite,
élue Miss monde
des escargots en
1950.

Keskecé ?

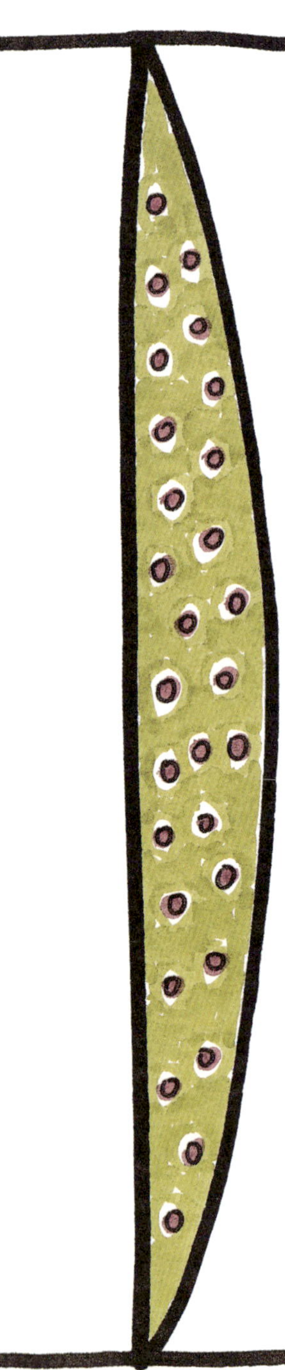

Réponse

Un lit vertical
pour les enfants
qui dorment
debout toute
la journée quand
ils se sont couchés
beaucoup trop
tard la veille...

 Keskecé ? 

Réponse

Les sœurs Pokanon, les jumelles les plus moches de la Galaxie (avec un nœud dans les cheveux et un sourire affreux).

Keskecé ?

 Réponse 

Les dents de Supergrameck, l'ogre doux et végétarien qui vient de dévorer 728 salades bien fraîches.

(Beurk, il ne se brosse jamais les dents.)

* Keskecé ? *

Réponse

Une assiette magique à ressorts qui a éjecté toute seule quand tu as fini de dîner, vole au-dessus de la poubelle et retombe toute seule dans le lave-vaisselle...

★ Keskecé ? ★

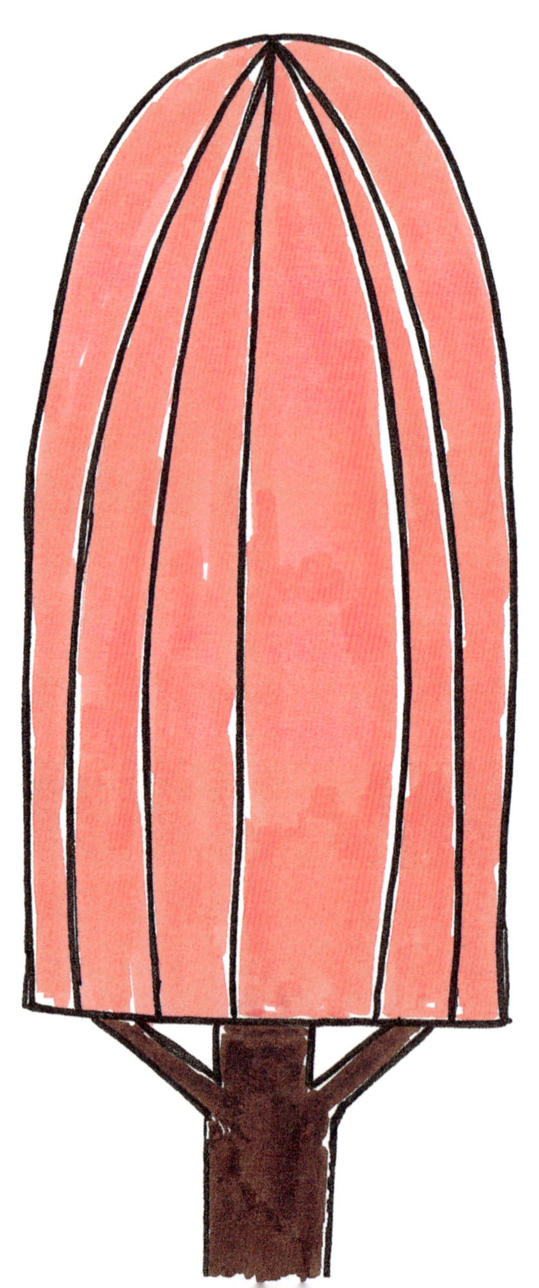

Réponse

Le seul arbre
qui porte une belle
perruque disco
en hiver car il en
a marre de perdre
tous ses cheveux.

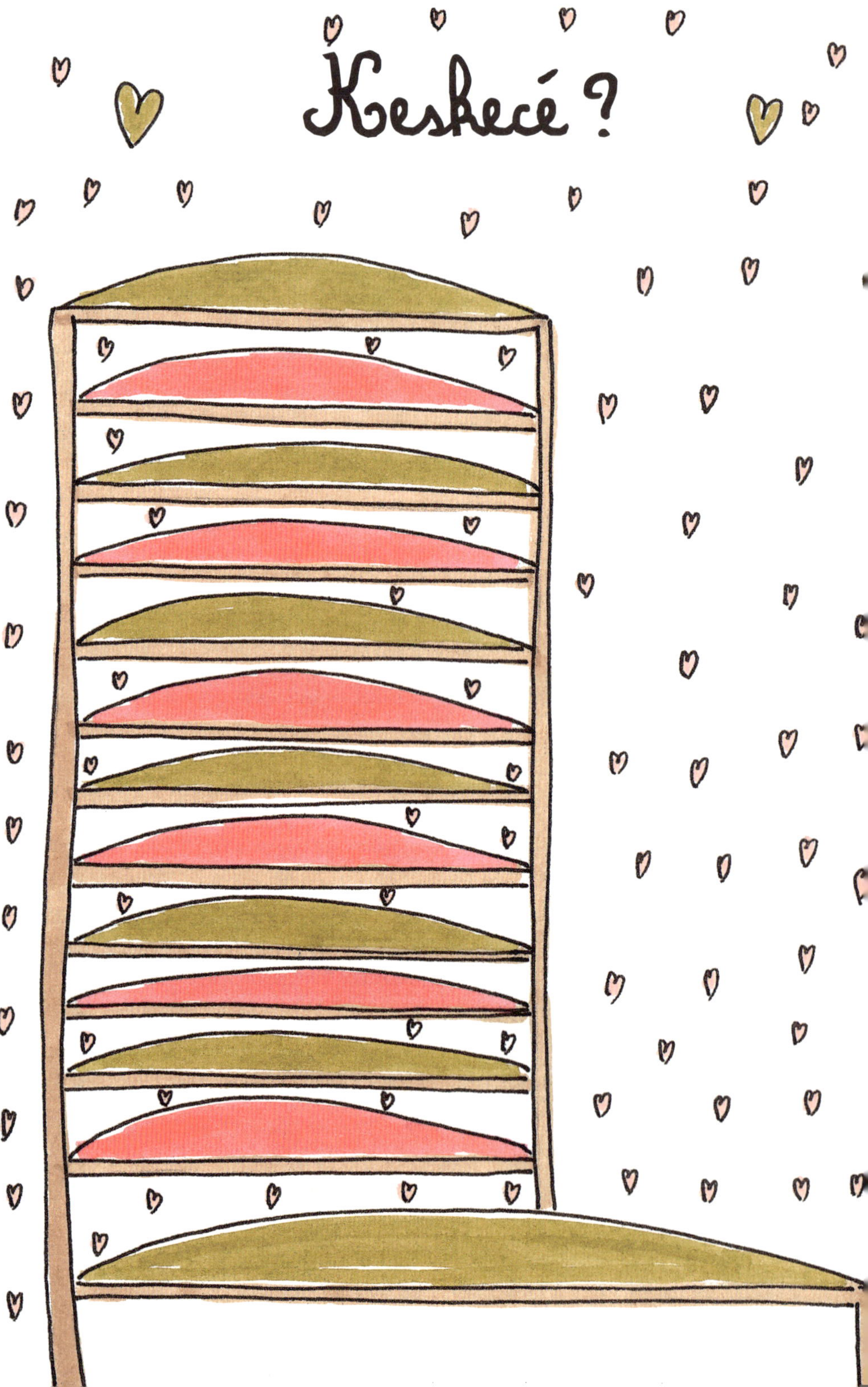
Keskecé ?

Réponse

Les lits superposés de la famille Plusgonèdfou-Plusgonri (2 parents + 12 enfants).

Keskecé ?

Le boa qui vient
de dévorer l'histoire
du Petit Prince
(le livre tout entier !)
parce qu'il mourait
de faim !

Keskecé ?

Réponse

Une colline avec
une forêt de sapins
remplie d'affreuses
bêtes sauvages
dans un pays
qui s'appelle
le Bouftoutru.
(N'y va jamais !)

Keskecé ?

Réponse

Une famille de petits pois en train de regarder leur série préférée « Desperate peas » saison 5 à la télévision, le dimanche soir...

Keskecé ?

Réponse

Jean-Paul Padboll
et sa femme
Ella Padpodutou
enfouis sous la neige
après une avalanche
sur une piste verte
(les pauvres!).

Keskecé ?

. . . . . .

Réponse

L'unique valise au monde qui a des yeux pour regarder les paysages.

(Elle appartient à un Japonais et a déjà fait 3 fois le tour de la Terre.)

Keskecé ?

Réponse

Le capot avant
de la limousine
tout en or
de Madonna,
la chanteuse la plus
riche et rock'n'roll
de l'Univers...

Keskecé ?

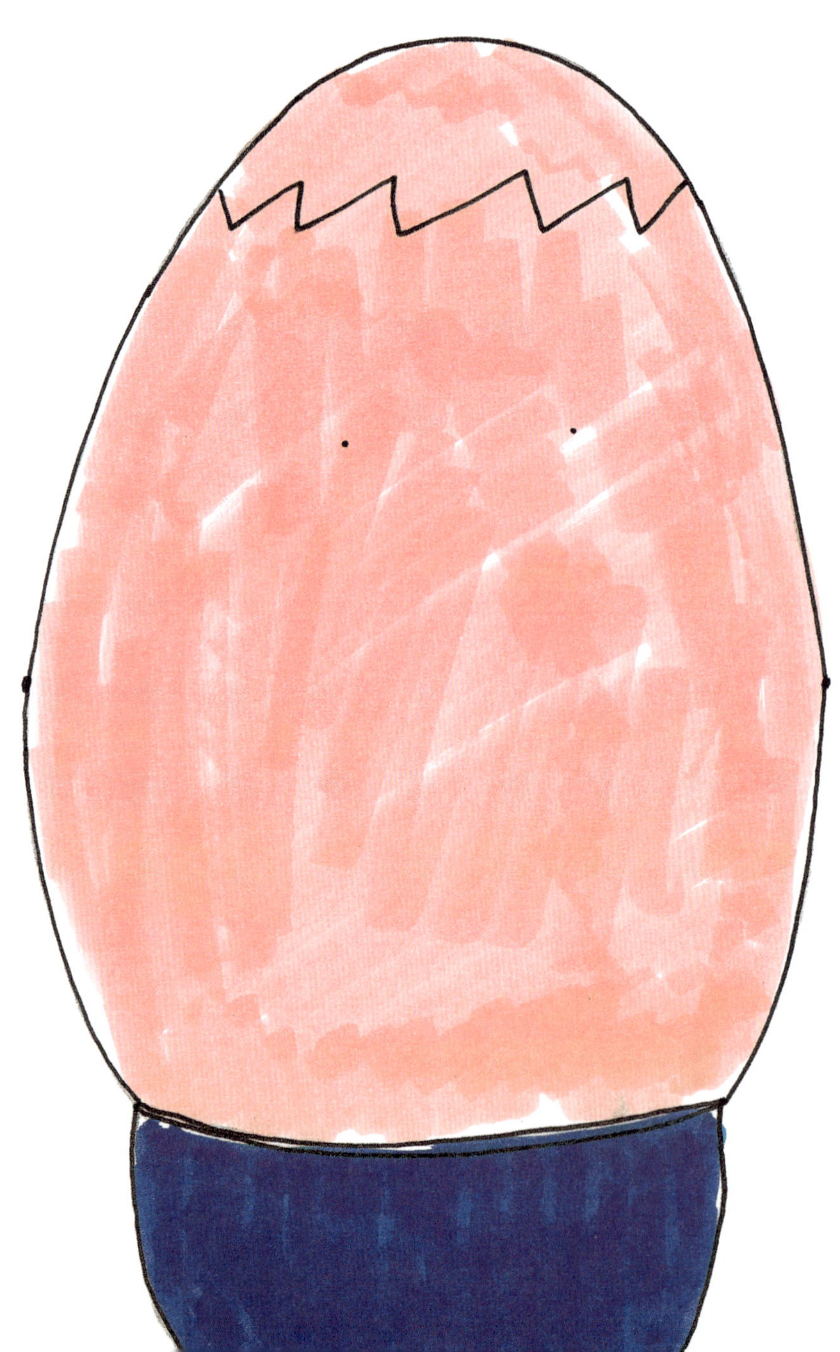

Réponse

Rory-Pete Peutadi,
l'homme qui a les
plus petites oreilles
du monde et un col
roulé bleu.

(Il a 70 ans et vit
à Tijijkedal au Canada.)

Keskecé ?

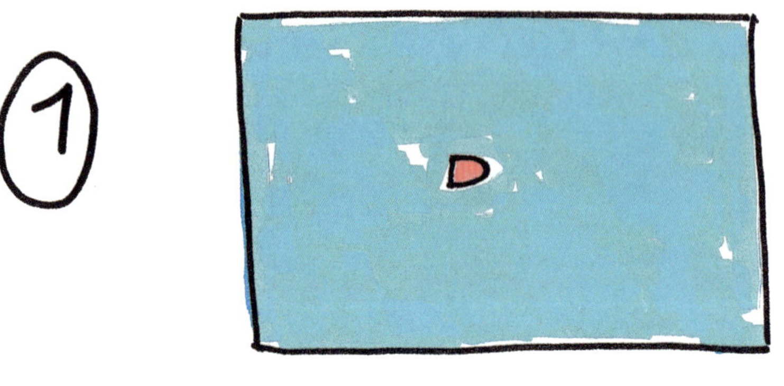
1

2

3

Réponse

1/ La célèbre fraise Rita Gada à la piscine.

2/ Au secours, elle s'est noyée !!!

3/ Ouf, elle n'est pas morte ! On l'a repêchée et elle se repose sur un brancard.

Keskecé ?

Réponse

Le seul sapin de Noël avec dix grands pieds pour recevoir dix fois plus de super-chouettes cadeaux la nuit de Noël.

(Prépare ta liste !)

Keskecé ?

Réponse

Le chapeau super-préféré d'Elizabeth Superbovine II, reine d'Angleterre.

Keskecé ?

Réponse

Rien !

Mais alors rien du tout du tout !

(L'auteur en avait marre de dessiner…)

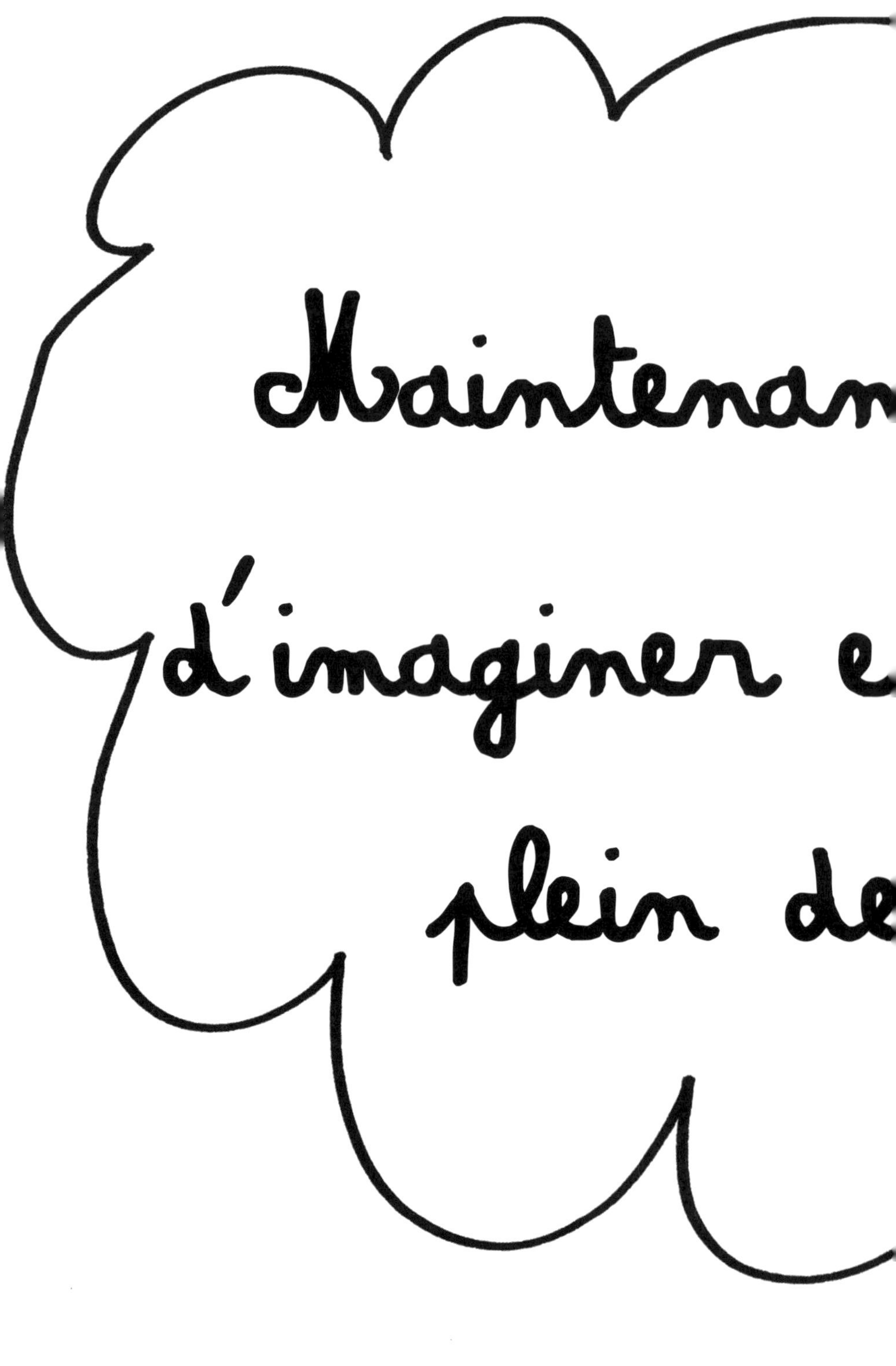
Maintenan
d'imaginer e
plein de

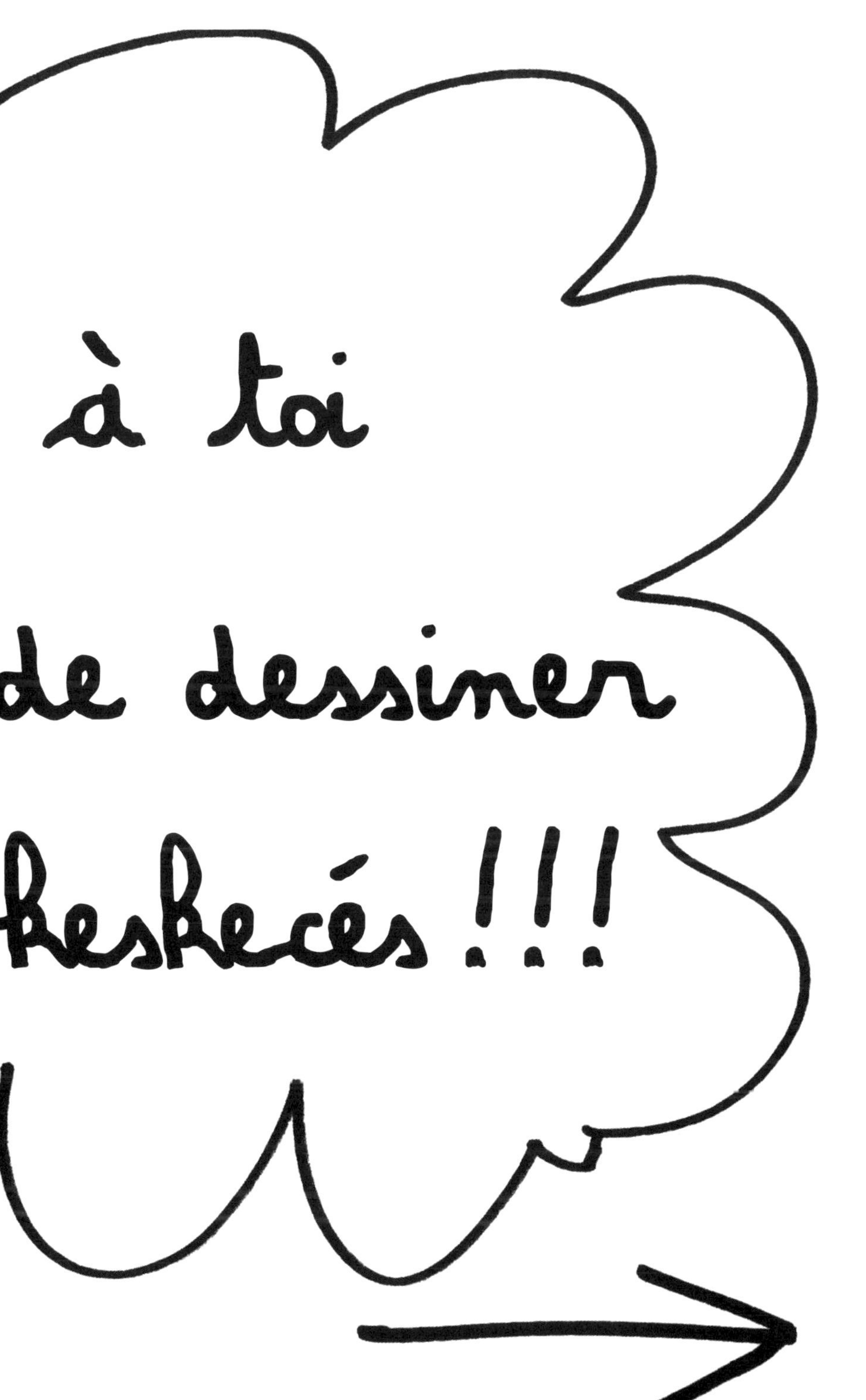
à toi
de dessiner
keskecés !!!

petits conseils de l'auteur pour t'aider :

① Pense à un objet simple (ou à une personne) dans ta tête.

② Imagine-le en entier pendant une minute, comme s'il était en face de toi.

Par exemple, une voiture :

3) Décide de le dessiner d'une manière particulière (pour que l'on ne devine pas ce que c'est!).

vue de très près
(dessine juste une roue)

vue de très très loin
(minuscule)

vue de dessus

vue de derrière

vue de dessous

4) Écris ta réponse sur la page de droite.

5) Cache ta réponse et va vite faire deviner aux autres ce que tu as dessiné!

Ici, dessine un keskecé vu de très très près...

Écris ta réponse ↓

Ici, dessine un keskecé vu de très très loin…

Écris ta réponse ↓

Ici, dessine un keskecé vu du dessus...

Écris ta réponse ↓

Ici, dessine un keskecé vu du dessous...

Écris ta réponse ↓

Bravo, mon chou,
tu as bien travaillé !
Maintenant, tu
es le roi ou la reine
du keskecé !!!
Tu as gagné une
couronne.

Édition Jean-Christophe Fournier
Direction artistique Françoise Maurel
Relecture Christiane Keukens
Fabrication Céline Premel-Cabic
Photogravure Fap

ISBN : 978-2-09-252 702-3 - N° d'éditeur 10172880 - Dépôt légal : octobre 2010
Imprimé en Malaisie par Tien Wah Press
En application de la loi n°49.956 du 16 juillet 1949 sur les publications destinées à la jeunesse.